童眼识天下 科普馆

火车

童心○编著

U0314411

化学工业出版社

·北京·

图书在版编目（CIP）数据

童眼识天下科普馆.火车/童心编著.—北京：化学
工业出版社，2019.10（2024.11重印）
ISBN 978-7-122-34860-9

Ⅰ.①童…　Ⅱ.①童…　Ⅲ.①常识课-学前教育-教学
参考资料　Ⅳ.①G613

中国版本图书馆CIP数据核字（2019）第139533号

责任编辑：张素芳　　　　　　　　　　　　　　　　　封面设计：张　辉
责任校对：王　静

出版发行：化学工业出版社（北京市东城区青年湖南街13号　邮政编码100011）
印　　装：北京宝隆世纪印刷有限公司
889mm×1194mm　1/20　印张4　2024年11月北京第1版第7次印刷

购书咨询：010-64518888　　售后服务：010-64518899
网　　址：http://www.cip.com.cn
凡购买本书，如有缺损质量问题，本社销售中心负责调换。

定　　价：22.80元

"呜——"火车的鸣笛声真响亮啊。快跟我们一起到站台来,这里停着数不清的火车。它们的外表各异,让人目不暇接。

作为重要的交通工具之一,火车的年纪可不小了。在长达两个世纪的时间里,火车从传统的蒸汽机车逐渐发展出各种类型的机车,包括内燃机车、电动机车、磁悬浮列车等。

当然,火车的种类也越来越多,比如跨国行驶的国际列车、在城市里穿梭的轻轨、飞速前进的高铁……没想到吧,火车家族的成员竟然这么多!想更深入了解它们吗?那就一起走进《童眼识天下科普馆——火车》一书吧!

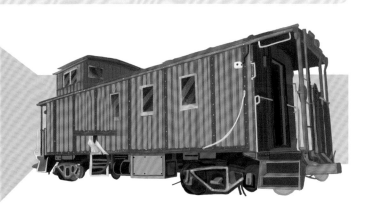

目录

CONTENTS

1 呜呜呜——火车来了

4 说一说火车的历史

8 火车上有什么

12 车轮不在地面上

14 火车改线了

16 内燃机车，以柴油为动力

18 电力机车，有电就能跑

20 "红皮车"和"绿皮车"

24 火车也走高速路——高铁

26 自带动力向前进——动车

30 轨道在空中——空中轨道列车

32 "坐"在轨道上的单轨列车

34 不用轮子走的磁悬浮列车

36 穿越国界的国际列车

38 乘客是货物——货运列车

40 城市中的绿色交通——轻轨

42 行走在地下的地铁

46 轨道上的公交车——城际列车

48 列车，听我调遣——调车机车

50 摇摇摆摆跑得快——摆式列车

52 帮忙刹车的守车

54 铁路上的交通信号

56 火车也有"车牌号"

58 上火车，要有票

60 走进火车站

64 火车的驾驶室

66 不一样的座位

70 火车上的餐厅

72 铁路安全靠他们

74 火车检修中

呜呜呜——火车来了

呜——，车站里火车欢快的汽笛声此起彼伏，它们有的刚刚进站，有的准备出发，一派繁忙的景象。来呀，跟我一起去了解它们吧！

"火"在哪里？

它们的名字叫"火车"，那么"火"在哪里呢？别着急呀，我来告诉你。最早的火车都是蒸汽机车，火车行驶时车头的烟囱总是因为燃烧煤炭和木柴而不停地冒着浓烟，所以人们就给这个怪家伙起了个形象的名字——火车。随着技术的发展，现代的火车早就不需要火了，但"火车"这个名字却被保留了下来。

火车是什么样子的?

看，这些像"长龙"一样的大家伙就是火车啦，它们可是非常重要的交通工具呢。火车有很多车厢，有的用来运载旅客，有的用来装载货物，分工非常明确。

说一说火车的历史

从第一台蒸汽机车出现到现在，火车已经走过 200 多个年头了，这是多么不可思议的事。火车们并不守旧，它们不断在进步，渐渐变成了我们现在看到的样子。我好想去看一看它的传奇经历呢，你要不要一起来呀？

1804 年，英国的特里维西克利用瓦特发明的蒸汽机造出了蒸汽机车。这台机车能够牵引 5 节车厢，时速只有五六千米。

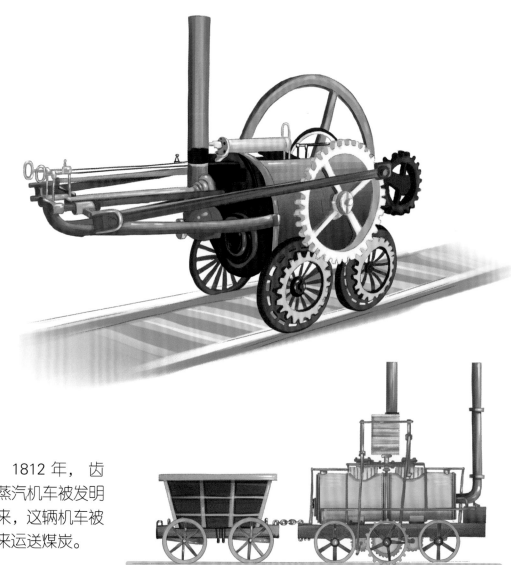

1812 年，齿轮蒸汽机车被发明出来，这辆机车被用来运送煤炭。

1814 年，英国的史蒂芬森制造了"旅行者"号蒸汽机车，并于 1825 年在新建的铁路上以 24 千米/时的速度跑完了 40 千米。

为了证明机车的性能，欧洲举办了蒸汽机车比赛。1829 年，史蒂芬森的儿子设计建造的"火箭号"蒸汽机车以安全可靠、速度快赢得了蒸汽机车比赛。

1930 年，美国"大拇指汤姆号"蒸汽机车拉着 36 位乘客与一辆马车比赛，但由于机车皮带故障而落败。不过，机车的表现还是赢得了人心。

蒸汽机车给当时的人们带来了很大的方便，但同时它的缺点也渐渐显露出来：在运行的过程中需要不断添煤加水，既浪费时间又增加成本。1879 年，德国人西门子设计出一台小型电力机车，电力机车由此发展起来。

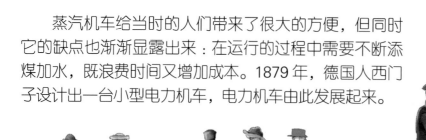

1940 年，著名的"大男孩"蒸汽机车出现了，它是当时世界上最长的蒸汽机车。

19世纪20年代，柴油内燃机车研制成功，并且很快就得到了广泛认可。直到今天，绝大部分的火车依然使用柴油内燃机，只是在经过几代人的改进后，它们的结构更加先进，性能更加出色了。

人们始终不满足于现代火车的速度，想让火车跑得再快一些。德国和法国率先研制出了磁悬浮列车，中国也紧随其后，并在上海修建了第一条商用磁悬浮列车示范线。

火车上有什么

你们好，我是火车，大家都叫我"长龙"，我觉得这个绰号很适合我。我的外表看起来很简单，但是其实我是很有"内涵"的，不信的话，我这就展示给你看。

力大无穷的"火车头"

以前，整列火车都需要靠我这个力大无穷的"火车头"来带动。不过，随着火车的发展，现在一些火车兄弟的身体也有动力了。发动机、牵引电动机、仪表等"五脏六腑"都在我的"头"里。这么说吧，火车跑得快，全靠车头带！

移动的"房子"

我的身体由底架、侧墙、端墙和车顶等部分构成。但是我的兄弟姐妹们都各有区别，它们有的是没有车顶的敞篷车，有的是只有底架的平板车，还有的车厢是罐体样式的油罐车……当然这些是因为我们工作的需要，毕竟我们的用途是不一样的。

"脚"很特别

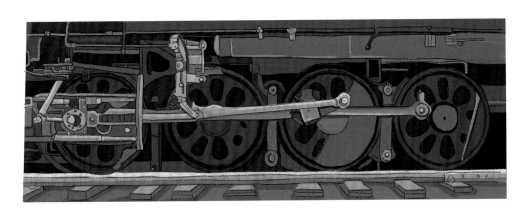

我的"脚"——轮子也很发达,它不仅要支撑我沉重的身体,还要负责让我在轨道上灵活又平稳地行走,任务非常艰巨呢。另外,它还能缓和我的身体和铁轨的互相冲击,减少震动,这样人们乘坐起来就舒适多了,货物的安全也有保障了。

一节一节连在一起

我的身体是一节一节的,每一节都可以任意连接或取下。它们都是靠车钩缓冲装置连接在一起的。车钩缓冲装置不但能传递牵引力,还可以缓和车厢间的纵向冲击力,是我不可缺少的好伙伴呢。

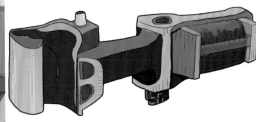

我要刹车啦

啊，我快要进站了，这个时候我需要刹车。制动装置对我来说非常重要，有了它，我才能控制住庞大的身体，按需要进行减速，或者在规定的距离内停车。如果不能及时停下，我很可能会闯下大祸的。

你好，请上车

　　我有舒适的座位，也有简单的床铺，如果你觉得有些饿，还可以来我的餐车用餐。另外，我的车厢里还设有卫生间，行驶过程中你可以随意使用。对了，如果需要运输货物，我还有货物车厢。

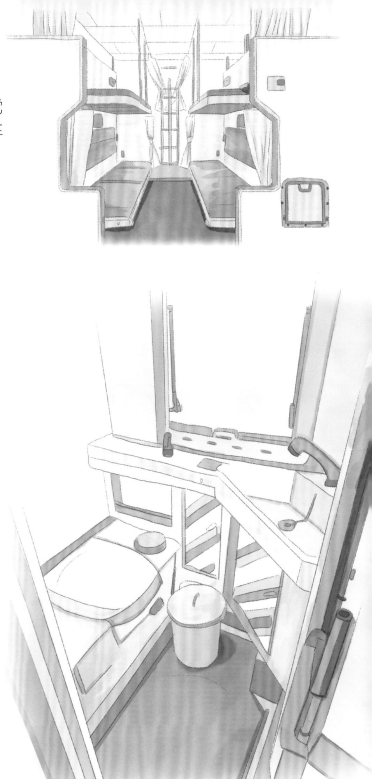

车轮不在地面上

火车和跑来跑去的汽车有很大的不同。你仔细看一看就会发现，火车的轮子并不是贴着地面的，而是在两条平行的轨道上行驶，它们也因此不能像汽车那样在公路上自由行驶。

不简单的轨道

铁路看上去只有两条钢轨，但是实际上它的组成很复杂，不然怎么承受得住火车这个大家伙在上面来来回回地压过呢。铁路轨道通常由两条平行的钢轨组成，它们被固定在轨枕上，下面则是用碎石子铺成的道床。它们靠坚固的零件联结固定在一起。

结实的钢轨

钢轨由轨头、轨腰和轨底组成，如果把钢轨切开，你会发现，它的横断面并不是方形，而是"工"字形的。它的材质和结构让它具备足够的强度、耐磨性和稳定性，因此能承受住车轮带来的巨大的压力，并且能引导车轮向目的地运行。

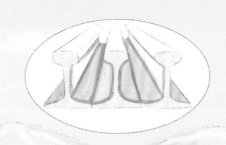

铁路修在桥梁上

看，那列火车正快速地通过一座高高的大桥，那座大桥上也有铁路吗？没错，那座大桥是专门为了帮助火车通过河流、海峡和山谷等修建的，大桥上也铺设了坚固的轨道呢。

火车改线了

火车们的目的地各不相同，铁路也四通八达，看着复杂的铁轨，你知道火车是怎样从一条铁路切换到另一条铁路上的吗？

"不出轨"要靠它

火车车轮内侧有一个凸出的圆盘，叫"轮缘"，它正好卡在轨道里层。就是它控制着火车的运行方向，让车轮始终在轨道上运行而不会出轨。

道岔来帮忙

不同方向的两条轨道是交会在一起的，道岔就在那里。道岔前面是可以移动的导轨，它会与其中一条轨道间留有细缝，引导火车的轮缘从细缝中穿过。所以火车的运行方向取决于道岔的开放方向。以前，道岔的位置是由人工控制的，而现在精密的计算机代替了人们的工作。

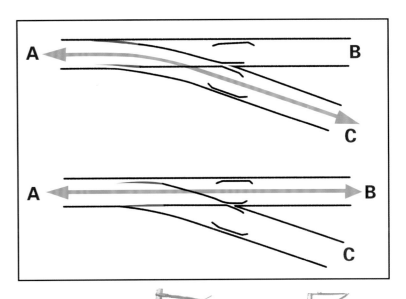

内燃机车，以柴油为动力

我是动力强劲的内燃机车，别看我一把年纪了，但牵引客车和牵引货车都不在话下。我可不是什么"老古董"，我也在与时俱进改进着自己的身体，争取不被时代淘汰。

没有燃料我不走

柴油是我最重要的动力来源，没有它，我的内燃机就无法获得动力，即便我非常想要动，但是饿着肚子只能让我心有余而力不足了。

我是怎么工作的？

柴油是我的主要燃料，它在气缸里燃烧着，产生的高温高压气体推动着活塞运动，由连杆带动曲轴旋转，把热能转换为机械能。传动装置将燃料提供的动力传输到动轮，使它们产生牵引力，再把牵引力传递到车钩，从而拖动列车前进。所以，想要列车动起来，需要柴油机、传动装置、辅助装置和控制设备等伙伴的共同努力才行。

电力机车，有电就能跑

你知道现在除了内燃机，还有什么能给火车提供动力吗？没错，现在的许多列车都是靠电力作为牵引动力行驶的。

处处可见的身影

电力机车的应用领域可是十分广泛的，高速铁路、城际铁路、快速铁路等都是为电力机车修建的铁路。对了，我们平时常见的地铁、有轨电车、轻轨等城市轨道交通也都离不开它们。

电从哪里来？

电力机车需要电才能
跑，可是本身没有原动力的
它从哪里获取能量呢？其
实很简单，你看到铁路上
方的电线了吗？就是它们
为电力机车提供电流的，
这些高压电流足以带动机
车的电动机，从而驱动车
轮行走。

有优点也有不足

功率大、速度快、自身负重低、清洁环保等优点让电力机车
越来越受到人们的重视，它也因此成了城市交通的主力军。但是，
它必须依赖电气化铁路运行，一旦发生供电故障，电力机车将寸
步难行。另外，电网、电轨等设施也存在触电的安全隐患。

"红皮车"和"绿皮车"

看那两辆列车，其中一辆是橘红色的，另一辆是草绿色的。同样是火车，为什么它们的颜色不一样呢？

颜色 = 速度

其实，火车的颜色和它们的速度还有关系呢，"红皮车"是快速列车的代表，"绿皮车"的速度相对就慢了许多，所以"红皮车"曾经非常受欢迎，差一点就取代了绿皮车呢。

火车可不止这两种颜色，蓝色、白色和红色相间的"蓝皮车"，以及整体为白色，配以蓝色和红色装饰的"白皮车"等，它们都是特快列车。

装备不一样哦

　　如果你乘坐过这两种火车就会明白，它们之间的差别可不只有速度呢。"红皮车"是空调客车，座椅舒适，车厢干净整洁。老式的"绿皮车"可没有这么好的待遇了，它取暖靠烧煤，乘坐条件也不是很好，常常令乘客们难以忍受。

　　同向行驶的两列火车，常常会出现这样一个有趣的现象：一辆列车会临时停车，等另一辆列车超车走远后再重新起动，这种现象叫做"待避"。对于"红皮车"和"绿皮车"来说，发生待避时，大多数情况下都是"绿皮车"停车让行的。

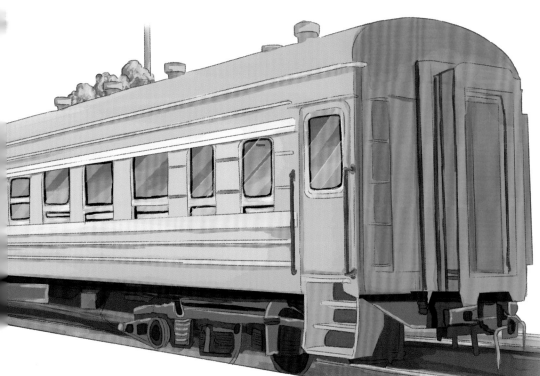

"绿皮车"归来

2014 年 10 月，铁路部门决定，把普通列车统一漆成橄榄绿色，另外将车顶和腰饰带分别漆为灰色和明黄色。当然，这时的绿皮车和"老绿皮车"已经截然不同了。统一后，中国铁路客车只有两种，一种是橄榄绿色的普通客车，另一种是白色的动车组客车。

新"绿皮车"的小秘密

虽然火车们统一了颜色，但它们的速度和等级依然是有区别的，这个小秘密就隐藏在它们的腰饰带中。新"绿皮车"每节车厢腰饰带的开头会有一些分开的黄色色块：两块相同大小的色块代表普通列车，三块较大的色块代表快车，五块依次变大的色块代表特快列车，直达列车则只是一条直线。怎么样，你现在是不是能正确区分它们了呢？

火车也走高速路——高铁

汽车们有高速公路，它们可以在上面加速行驶。火车也不甘示弱，它们也有自己的高速铁路，只是这种铁路只能用于高速动车行驶，普通火车是不可以行驶的。

高速铁路

高速铁路简称"高铁"，高铁都采用无缝钢轨，钢轨和轨枕直接铺设在混凝土浇灌成的轨板上，保证火车在高速行驶的同时平稳安全。

高铁列车有多快？

高铁列车究竟有多快呢？告诉你吧，一般的高铁列车速度都不低于 200 千米 / 时，大多数的高铁列车可以达到 250 千米 / 时，有些甚至能够达到 350 千米 / 时。也就是说，你可能只眨了一下眼，火车就已经飞奔出几十米了。

高铁好处多

小汽车和飞机也会遇到麻烦，车流量大的高速公路会堵车，飞机也常常因为各种原因延误。可对于高铁来说，它不会发生堵车，受天气影响很小，舒适方便，载客量也高。难怪高铁那么受欢迎呢！

自带动力向前进——动车

看我，看我，我是不是很特别？我的名字叫动车组列车，听名字就知道啦，我和我的火车伙伴们是有那么一点不一样的。

奇怪的子弹头

我是不是看起来像一颗蓄势待发的子弹呀？我的头就像子弹头一样尖尖的，大家因此都叫我"子弹头列车"。其实我被设计成这样是有原因的，我的"子弹头"是流线型的，它能让我在行驶时受到的空气阻力更小，这样我才能跑得像飞出去的子弹一样快。

请往回跑

往回开？这可难不倒我。我的列车前后都有驾驶室，到达终点后，我不用掉头就能直接往回开。这还不算什么，最棒的是我的座椅。我的座椅底部有一个脚踏装置，当要返程时，工作人员只需要踩下座椅下的脚踏装置，然后轻轻一推，座椅就可以旋转180°朝向前方了。

分散的动力

与其他火车相比，我轻松多了。我不但有动力强劲的"子弹头"，也有自带动力的车厢，有了它们的帮助，我的速度自然而然就快起来了。不过，有一些动车组列车的"子弹头"里已经没有动力装置了，只保留了操控列车的设备。

令视觉"减速"的玻璃

我的速度非常快，你是不是担心在看窗外景色时会头晕目眩呢？我可以肯定地告诉你，完全不需要担心，我的玻璃可蕴含着高科技呢。技术人员采用视觉调节技术，为我制造出了减速车窗玻璃，你们可以放心地欣赏旅途的风景啦。

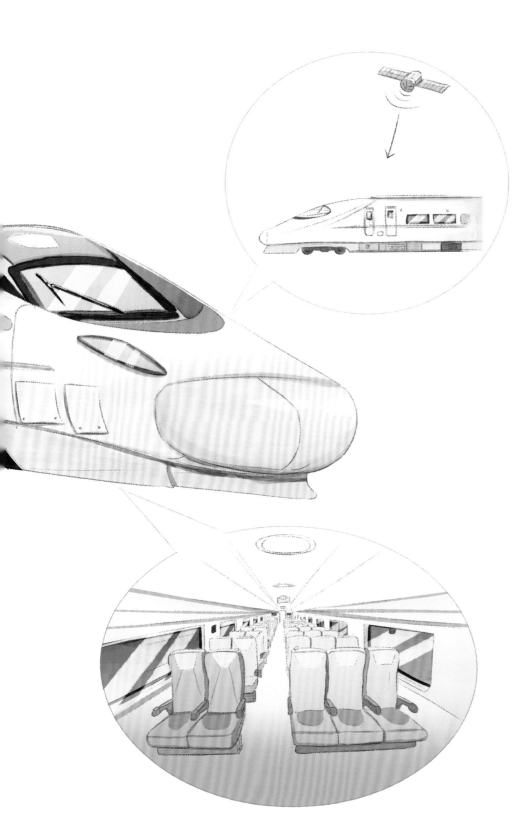

自己刹车更安全

　　总调度室的主电脑会每隔几秒钟通过卫星转播安全信号，当有情况时，就用卫星向我们发出刹车信号，如果我们在规定时间里没有进行手动刹车，系统就会进入自动刹车程序。

安全带？不需要

　　动车跑得这么快，座椅上竟然没有安全带！这是为什么呢？其实，汽车上的安全带是为了防止在急刹车时受伤，飞机的安全带是为了抵抗气流颠簸。而这些情况，在平稳的动车上都几乎不会发生。另外，动车上的座椅也是特别设计的安全座椅。

轨道在空中——空中轨道列车

天啊，火车怎么跑到天上去了，而且它的"脚"下还没有轨道！别太惊讶，你看到的是悬挂式单轨列车，又叫空中轨道列车。

空中轨道

一条条钢梁架在半空中，空中轨道列车的轨道就在那里面。既然轨道在空中，车轮也不能在底下。没错，空中轨道列车的车轮在车顶上，它卡进轨道中，在封闭的轨道里运行，不仅不受天气的影响，出轨的可能性更是微乎其微。

集优点于一身

　　空中的单行轨道占地面积很小；雨雪、冰冻等天气列车依然能照常运行，而且没有堵车的烦恼；闭合的电力驱动，没有污染和噪声……空中轨道列车真是优点多多啊！当然它也有不足之处，因为建在空中，钢梁能负担的重量有限，所以每列空轨只能承载几百名旅客。

"坐" 在轨道上的单轨列车

不仅空中轨道是单轨，还有一种列车也是单轨，不过它的轨道不在天上，而是在高架梁上，车轮依然在"脚"下，它就是跨座式单轨列车。

跨着坐

只有一条轨道，要怎么才能稳定行驶呢？其实，看名字就知道，跨着"坐"在铁轨上就可以了。跨座式单轨列车车体骑跨在高架梁上。这样的构造，让它占地面积小、噪声小、爬坡能力强，还不用担心出轨。

跨座式单轨列车的优点不少，但如果车坏在了半路，那可就麻烦了。毕竟轨道离地面很高，车上的乘客可没办法逃生。想要解决这个问题，就需要不断提高列车的安全指数。

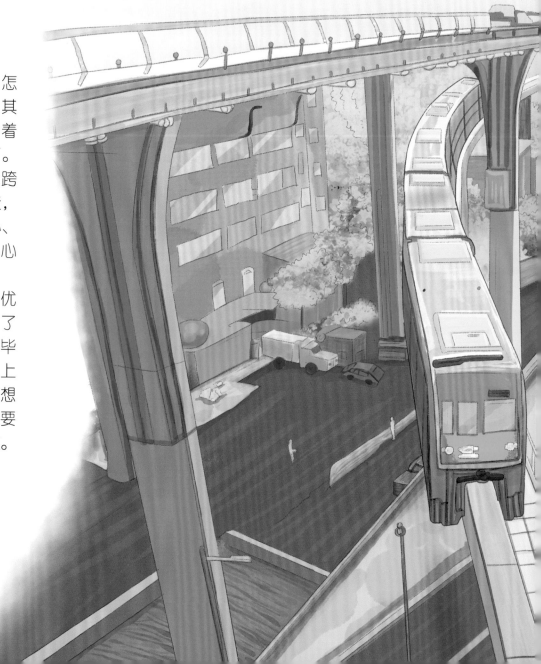

新一代

　　跨座式单轨列车也在不断更新中。这不，新一代的跨座式列车已经"出世"了：子弹头的设计炫酷又美观，而且它使用了磁动力和无人驾驶技术，还可以储蓄电能，遇到断电的情况也不用怕了。

不用轮子走的磁悬浮列车

小朋友们，我是动车，这次，我来为你们介绍一个我们家族的高科技成员——磁悬浮列车。看见那个酷炫的家伙了吗？就是它，它最神奇的地方就是虽然不用轮子行走，却成了我们家族中速度最快的"飞毛腿"。

利用磁力浮起来

火车的车轮和轨道会相互摩擦，跑起来自然会有阻力。但如果车能够悬浮起来，不接触轨道，速度一定会更快。什么能让车"浮起来"呢？科学家们想到了——"磁"。磁铁有"同性相斥、异性相吸"的特点，在电磁的"斥力"下，火车会被抬起来，和轨道分开，实现悬浮行驶。

转眼就跑远了

磁悬浮列车的速度能达到 400~500 千米 / 时，有的甚至高达 500~600 千米 / 时。看，才一眨眼的工夫，它们就跑出去那么远了。

安全不安全

磁悬浮列车速度快，但是发展道路却不顺畅。因为磁悬浮系统必须靠电磁力完成悬浮和驱动，如果突然停电，危险可想而知。另外，还有人怀疑磁悬浮会产生电磁辐射，会影响人们的健康。这些问题限制了磁悬浮列车的普及。要想让人们都用上磁悬浮列车，还有很长的路要走。

穿越国界的国际列车

你好，我是最具"国际范儿"的国际列车，只有我可以在各个国家之间往返穿梭，这一点可是其他普通列车无法做到的呢。

专走国际线

我是专运列车，通常由国内出发，仅经过几个特定的国内站点就驶出国界了。作为国际列车，我们通常不会每天都有来往的车次，而是隔几天才会排上一班，毕竟我们出行一趟需要跋山涉水走上很久。

特别的车票

想要乘坐我们，也需要购买车票哦！不过要注意的是，你需要持国际护照才能购买国际车票，普通的国内身份证件是不能用的。

轮子需要换一换

做国际列车也很不容易的，因为每个国家的铁轨的轨距标准不同，因此我们每次出入境时，都需要在中转站的换轮库更换转向架。这是平时难得一见的过程，你可以在车上亲眼见证呢。

乘客是货物——货运列车

如果你想携带少量的行李，客运列车就可以帮忙了。但是如果你想要大批量地运输货物，就得找我帮忙啦。我是货运列车，是专门为货物们准备的"专列"哦。

车厢多多

货运列车的车厢可真多啊，普通一点儿的就有60多节，更别提重载列车了，大概有80~160节。一列货运列车可以运数千吨，甚至上万吨的货物。怎么样，货运列车是不是很能干啊。

货运多面手

我可是名副其实的货运"多面手"，还没有什么货物能难倒我呢。如果你想要运送车辆，我可以提供平车；如果你想运送新鲜的产品，我可以提供保温车；如果你想运送石油和气体等，我可以提供罐车；如果你想运送谷物和贵重仪器等，我可以提供棚车……总之，只有你想不到的，没有我运不了的。

我也能出国啦！

    中国和西班牙之间有一条世界上最长的国际货运铁路，横跨中国、哈萨克斯坦、俄罗斯、德国等8个亚欧国家。这标志着我们货运列车也可以走出国门执行运输任务了。我比货船的速度快，比飞机运输的货物多，相信不久以后，我一定会成为国际货运主力军的。

城市中的绿色交通——轻轨

现代交通便利，为人们出行节省了大量时间。轻轨就是其中之一，它速度快，又环保，是很多城市的主要公共交通工具。

轻轨很轻

轻轨和它的名字一样，的确很"轻"。和普通的列车相比，它拥有更轻的机车，更少的载客量，以及相对轻的铁轨质量。但正是它的"轻"，让它能够在拥挤的城市中游刃有余地穿梭。

堵车？才不会呢

不论是开车还是乘坐公交车，都会遇到堵车的情况，但是乘坐轻轨就不需要担心啦，它们有专门的轨道和车站，不会受路面交通的影响，每小时能运送1万~3万名乘客呢。

城市交通主力军

　　轻轨在各个国家和地区的城市进程中都占有非常重要的地位，它们的发展势头也渐渐迅猛起来。但是，由于兴建轻轨轨道是一项非常大的工程，因此城市需要达到一定的规模才可以修建。

行走在地下的地铁

嗨，我是地铁，你们一定对我非常熟悉吧？想要见到我，你需要穿越长长的通道来到地下，因为我就在城市的地下来往穿梭呢。

为什么在地下跑?

　　可以说,地下是我的世界。在地下跑既可以节省很多地面空间,又不会给人们带来很大的噪声。同时,我行驶的时候也不会受到地面车辆的影响,还能减少能源消耗和空气污染,简直是一举多得。

工程浩大的通道

　　想要在地下穿梭,就要开凿出四通八达的隧道。这可是个浩大的工程,不但需要大量的资金,还需要耗费几年,甚至十几年的时间才能完成。我现在能这样自由地行驶,真要好好感谢人类的付出呢。

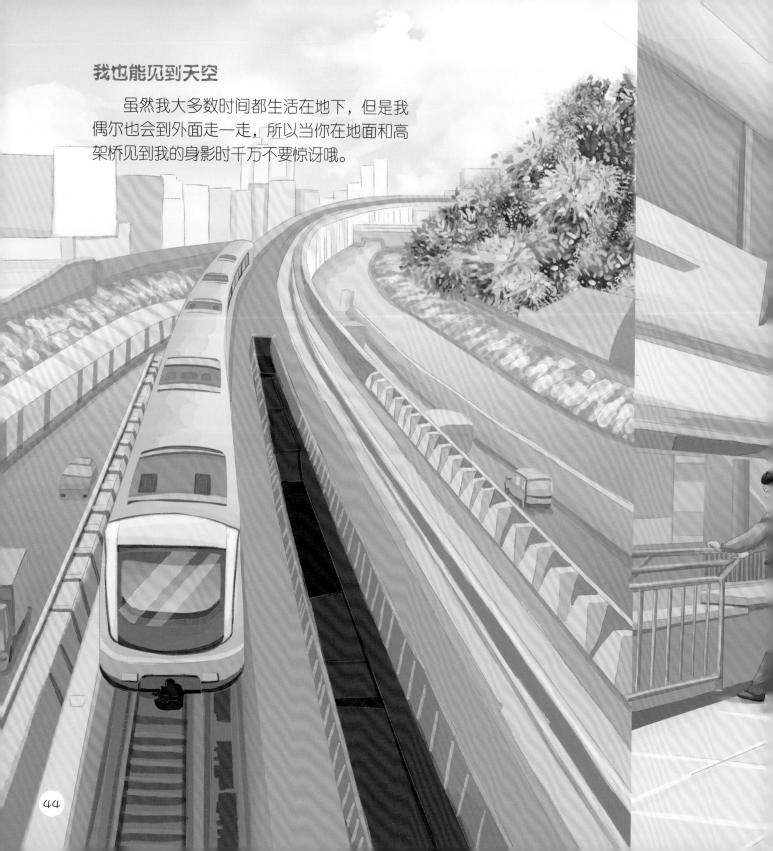

我也能见到天空

　　虽然我大多数时间都生活在地下，但是我偶尔也会到外面走一走，所以当你在地面和高架桥见到我的身影时千万不要惊讶哦。

到站了

　　啊，到站了，这就是地铁站，是我们的站点，一路上这样的站点还有很多，它们之间相距都不算太远。地铁站一般都会设置很多个出口，乘客不用穿过马路就能出入地铁站。另外，地铁站里还设置了售票处，有些枢纽站还设有换乘通道，乘客们换乘列车变得更方便了。

轨道上的公交车——城际列车

有时，我们生活与工作不在同一个城市，而是在相邻的城市，这时，我们就要去寻求通勤列车的帮助了。

城市间的距离变短了

现在有很多相邻的城市之间开通了城际列车，它们像公交车一样间隔很短的时间就会发出一班，它们的速度很快。许多人开启了双城通勤生活。

没有站房的"车站"

　　大多数铁路通勤列车都比较简单，最有意思的要数它们的停靠车站了，有一些规定的站点设施比较齐全，有一些站点却根本没有"站房"等设施，乘客上车、下车后，列车马上就开走了。

世界各地的通勤列车

　　在美国、日本、印度等许多国家，通勤列车都是上班族重要的交通工具，舒适、拥挤、人满为患……每个地区的通勤列车都有各自的特点。

列车，听我调遣——调车机车

我是调车机车，算得上是一个不大不小的"领导"吧，所有的列车都需要服从我的安排，到我指定的位置上。当然，并不是每辆机车都可以做调车机车的，毕竟我们的工作可一点都不轻松呢。

工作有点忙

我的工作有一点忙，所有来往列车的取送、编组、解体、摘挂、转线以及与机车对接全部都是我的职责，高峰时期我可是忙得脚不沾地。不过，看着列车们在我的指挥下准时出发、安全到达，我倒是觉得累一些也非常值得呢。

"基本功"要扎实

为了做好工作，我可是日夜苦练，练就了一身扎实的基本功。别看我的速度不快，力气可不小，就算是拉着沉重的列车们频繁地起步停车我都不怕呢。另外，我的身体格外灵活，能轻松地完成前进、后退、转弯等动作，这些可是那些大块头的机车做不到的哦。

摇摇摆摆跑得快——摆式列车

摆式列车真有趣，平时走路的时候和普通火车没有什么差别，只是一到转弯的时候就摇摇摆摆的，还真有些可爱呢。

转弯不减速

有些列车装备比较传统，所以每次转弯的时候都得降低速度，尽量慢一些，免得乘客们被"甩"得东倒西歪。可你看摆式列车，它丝毫不管这些，转弯的时候依然那么快。起初我也觉得它很莽撞，后来才发现，它摇摇摆摆地转弯居然让乘客们坐得更稳了。

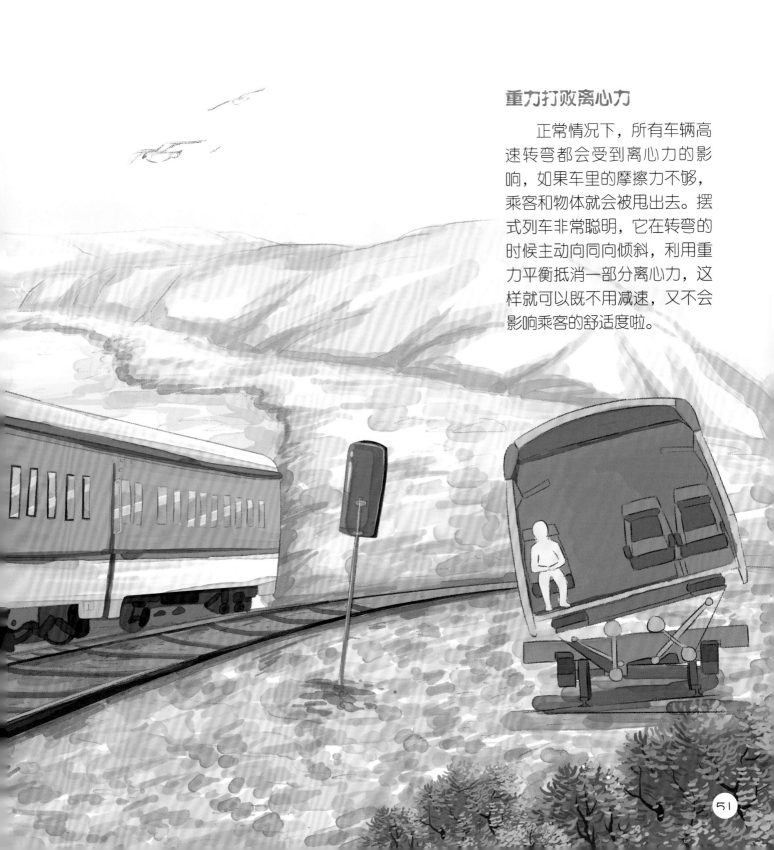

重力打败离心力

正常情况下，所有车辆高速转弯都会受到离心力的影响，如果车里的摩擦力不够，乘客和物体就会被甩出去。摆式列车非常聪明，它在转弯的时候主动向同向倾斜，利用重力平衡抵消一部分离心力，这样就可以既不用减速，又不会影响乘客的舒适度啦。

帮忙刹车的守车

　　我是尽职尽责又简朴的守车，专门为货运列车服务，一度还成了它们离不开的好伙伴呢。

清贫的成员

　　对于伙伴们来说，我的条件有些"清贫"：身体是铁皮的，主要的设备也只是一块风表和一个紧急制动阀。因为需要不时地瞭望列车的运行情况，我两侧窗户下焊制了可以供车长乘坐的铁质椅子。最艰苦的时候要属冬天了，我可没有空调，只能安装一个火炉取暖。

责任重大

　　虽然外表挺简陋，可我的责任却一点都不小。刹车对装满货物的列车来说是一个很大的考验，有我在，就可以协助它们快速安全地刹车，使列车减速或停止。当然，我还需要监测风表的风压是否正常，以及观察列车的运行情况和货物情况。因此人们也会叫我瞭望车。

我退休了

　　随着铁路技术的发展，我显得越来越落后了。我的设备不那么先进，身体也不那么健康了，维修、取暖和人员编制等方面又耗费大量的资金……于是，我渐渐地退出铁路舞台，享受退休生活了。

铁路上的交通信号

如果你认为火车可以随意在铁路上行驶，那可就错了。火车和汽车一样，都需要遵守交通信号的指示，因为安全最重要。

红灯停，绿灯行

你知道吗？铁路上也有红绿灯，我们也要遵守红灯停、绿灯行的规则。不过除了红绿灯，铁路还会通过其他不同颜色的灯光向我们传达调车、道岔、减速等信息。另外，信号机、信号牌、信号旗以及信号标志等也是铁路常用的传达信号的手段。

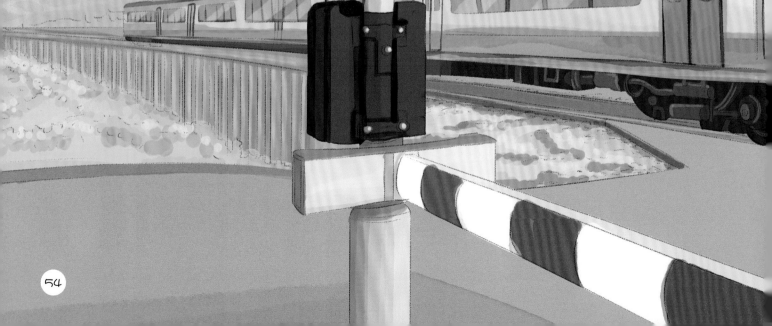

声音的信息

虽然视觉信号已经能向我们传达很多信息，但这远远不够，我们还需要通过号角、口笛以及机车发出的频率不同、长短不一的声音，来分析理解其中的指令，并严格按规定执行。

不同时间段的信号

对了，铁路信号还是分时段的呢。比如白天，它们会向我们发送昼间信号；夜晚，它们则会切换为夜间信号。另外，当我们处于隧道中或者受到天气影响，也要靠夜间信号指示。

火车也有"车牌号"

忙碌的火车们每天在不同时段来往于不同的地点。为了不让它们在铁路上乱作一团，人们为它们分别制定了"车牌号"加以区分，这就是车次。

有意义的数字

火车的车次一般都用阿拉伯数字表示，客运列车的车次则需要在数字前加上代表列车种类的字母。为了更加规范化，所有朝着北京方向行驶的列车被称为上行列车，车次数字为偶数；反之则是下行列车，车次数字为奇数。

丹 东 ——K28次——> 北 京　　　上 海 ——Z172次——> 哈尔滨

北 京 ——G35次——> 杭 州　　　长 沙 ——D924次——> 石家庄

字母里的"小秘密"

你是不是也发现了，客运列车的车次都带有一个字母。悄悄告诉你，这里面还有个"小秘密"呢。其实，这些字母是客运列车种类汉语拼音的首字母，比如动车组列车是"D"，高速列车是"G"，直达列车是"Z"，旅游列车是"Y"，临时列车是"L"，普通列车的车次只是一串数字，并没有任何字母。

变换的"车牌号"

　　对于汽车来说，随意变换车牌可是违法的。但对于火车来说，情况又有所不同。因为车次与列车的上行和下行大有关系，但有的列车在长途行驶的过程中，会经历上行和下行之间的转变，这时你就会发现一个有趣的现象，它们的车次也随着上下行方向的变化而发生了改变。

上火车，要有票

想要乘坐火车？那你首先要买一张火车票，没有它你可进不了车站。不过在这之前，你需要确定自己的目的地，因为火车票的价格是根据你的行程而定的。

小小车票信息多

可别小看火车票，它上面的信息全着呢。你的出发地和目的地、车次、列车开车时间、座位号以及票价等信息全部都在这张小小的纸片上，一目了然。只要认真阅读和查看车票，你就不会错过火车啦。

对了，差点忘记提醒你，如果想要购买火车票，一定要记得携带自己的有效身份证件。身高不足1.2米的小朋友是不需要买票的，1.2~1.5米的小朋友以及一些特殊的人群只需要买半价票就可以啦。

F056091　　　　　　　　　　　　厦门 售

厦门　　　K244次　　武昌
Xiamen　　　　　　　　Wuchang
2018年7月1日16:36开　　12车002号下铺
274.00元　　　　　　新空调硬卧
限乘当日此车
×××
110104××××××××0329
3458300006 0618F056091

接送乘客要买票

过去，如果要到站台上接送家人或朋友，我们是需要买一张站台票，凭票进站的。但是有很多买不到火车票的乘客，会拿着站台票登上火车，导致火车大量超载。出于对安全的考虑，车站渐渐取消了站台票。

无票时代

我们早就告别了排着长队苦苦等候买票的时代。现在，我们只需要动动手指就可以在铁路网站上买到火车票，然后在乘车前兑换纸质车票就可以了。不过，为了更环保，有些车站只需要凭借身份证件就可以进站乘车了。

走进火车站

　　小朋友，想不想和我一起去看一看火车站呀？那里有很多火车出发，也有很多火车到达，可热闹了。

确保安全才能进站

　　火车站的人流量非常大，保证人们的安全成为最重要的任务。因此所有乘客必须通过安全检查后才能进站。安全检查有很多方式：

　　X 射线设备主要对乘客的行李进行检查；

　　探测检查门对乘客的身体进行检查；

　　磁性探测器进一步近距离检查乘客身体；

　　特殊时期安检员还会手工检查乘客的行李或对乘客进行搜身检查。

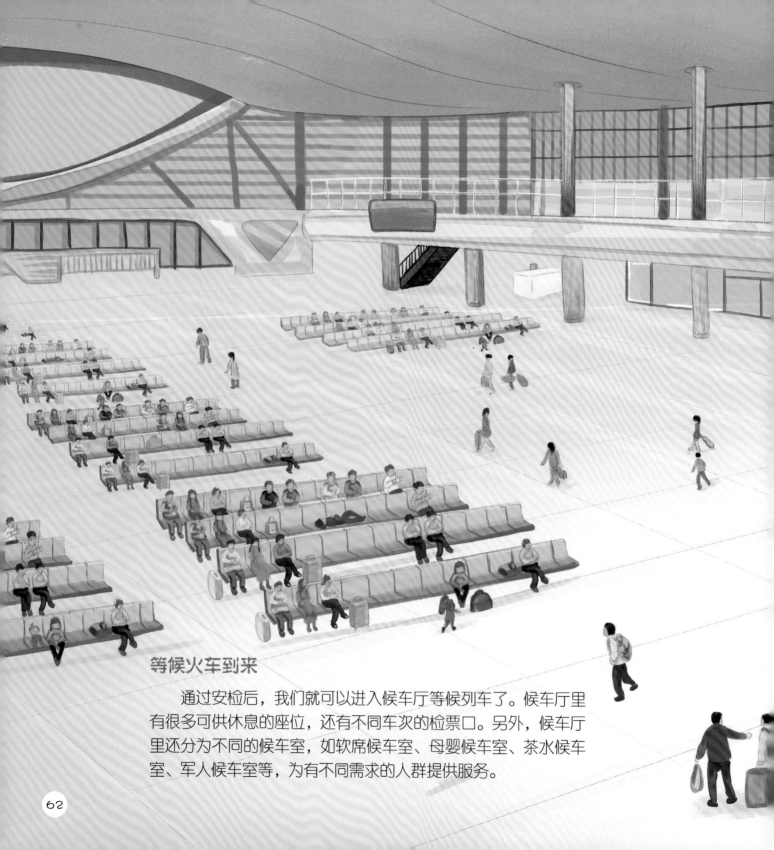

等候火车到来

通过安检后，我们就可以进入候车厅等候列车了。候车厅里有很多可供休息的座位，还有不同车次的检票口。另外，候车厅里还分为不同的候车室，如软席候车室、母婴候车室、茶水候车室、军人候车室等，为有不同需求的人群提供服务。

有问题请找我

如果我们对行程和路线等有疑问，可以到乘客中心进行咨询。一般大型的车站都会有这种独立的乘客中心。但是要注意的是，这里只为乘客解答铁路相关问题，并不售卖车票，也不安排旅游线路，所以千万不要因为无关的问题去打扰他们的工作，好让他们为真正有需要的乘客服务。

火车的驾驶室

火车的驾驶室真是个神秘的地方，那里居然有能带动整列火车前进的"魔力"。真想知道那里是什么样子的。那还等什么？一起去看看吧。

方向盘不见了

咦，火车的方向盘哪里去了？悄悄告诉你，其实火车是没有方向盘的，它们转弯或改换线路只需要靠道岔就可以完成了。有时我们能在个别火车驾驶室中发现类似方向盘的圆盘，那只是火车的调速器而已，随着火车技术的发展，调速器大多数已经更换为推杆式的了。

火车也有"黑匣子"

看到书本大小的显示屏了吗？它就是火车的"黑匣子"——机车运行控制装置。它的主机在司机室的后方，主要用来记录列车运行的各种数据和参数，以及司机的操作。另外，它还有警告和控制功能，提醒司机前方道路的信号情况并发出指令，如果司机没有按照指令执行，"黑匣子"就会采取强制措施。

操纵台作用大

  哇，驾驶室正前方的操纵台上有好多仪表和按钮啊，司机就是通过它们操控着整列火车，简直太厉害了！除了调速器，最重要的要数电台和制动阀了。电台用来与车站和机务段保持联系，随时通报路况、出现的问题以及险情。制动阀一般有两个，大的用来控制整列列车，小的只控制机车。

不一样的座位

火车上的座位种类可真多呀，它们之间有什么差别呢？看来，我得请教一下售票员阿姨了。

坐火车，看风景

售票员阿姨告诉我，如果行程时间比较短，可以选择购买坐票欣赏一下沿途的风景。坐票其实也有所区别，普通火车的座位分为比较经济实惠的硬座和比较舒适柔软的软座；动车组和高速列车的座位则分为商务座、一等座和二等座，实际上这些座位也属于软座，只是要比普通火车的软座更舒适，当然价格也更贵一些。

睡一觉也不错

  长途旅行免不了要在火车上度过一个或几个夜晚，没关系，火车还准备了卧铺席位，能让我们美美地睡上一晚。普通卧铺席位叫硬卧，每个包间有 6 张卧铺，包间也是开放式的。如果想要安静一些，还可以选择软卧，软卧包间有可以隔离走廊的门，一般只有 4 张卧铺，更加宽敞舒适。

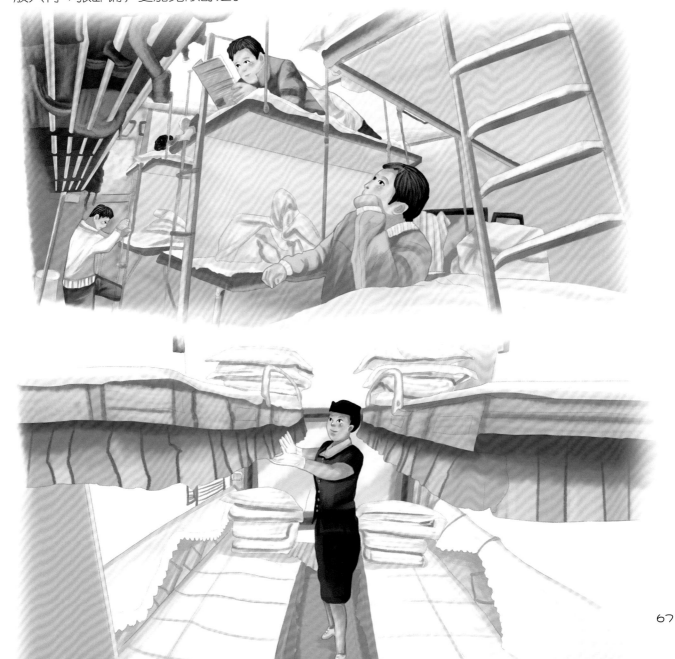

更舒适

如果想要体验不一样的旅途，或者需要更安静的环境，我们可以选择乘坐商务座或高级软卧。

商务座比普通的座位设施齐全，座椅可坐可躺，还有独立的阅读灯和电子显示屏，我们可以选择读一本书或者看一部电影度过漫漫旅途。

高级软卧则像一间小型的宾馆，让我们拥有更加私密、舒适的空间。

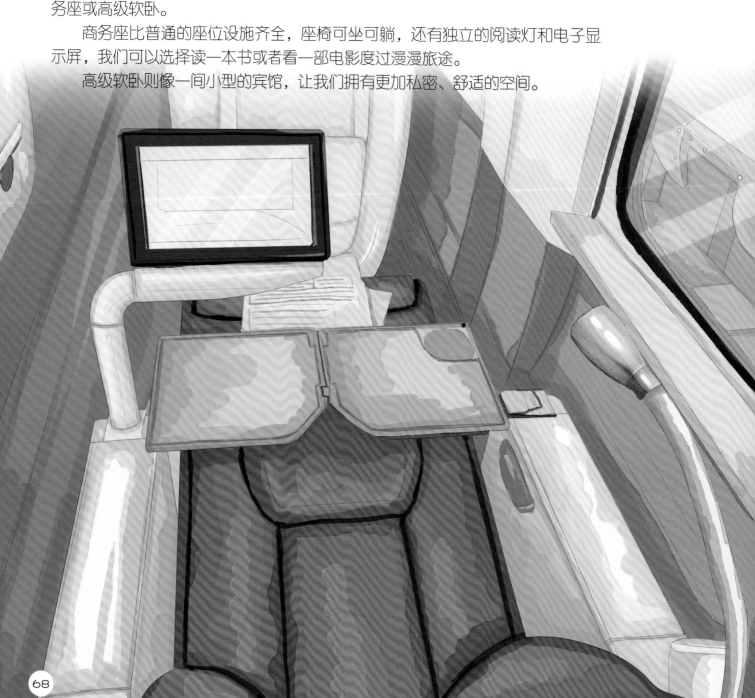

火车上的餐厅

在漫长的旅途中，你是不是会感觉到有些饿？这时如果能吃上一顿热乎的饭菜简直就太美了。没问题，餐车一定能满足你的愿望。

移动的餐厅

虽然餐车只是旅途中的一个小餐厅，但它却一点都不将就。餐厅里有舒适的桌椅，墙壁上装饰着温馨的壁灯，脱下的厚重衣物可以挂在衣帽钩上，过道的地板上还铺着地毯……随处都散发着温馨高雅的气息，让你在枯燥的旅途中也有心情享受生活。

厨房虽小，样样俱全

　　餐车里有一间小小的厨房，这里既有炉灶、刀具、锅具等厨具，又有烤箱、冰箱等电器，厨师叔叔和阿姨可以根据你的要求，为你做出各种新鲜美味的饭菜。如果你不太想去餐厅用餐，餐厅的服务人员也会做一些精心搭配的盒饭送到各个车厢。

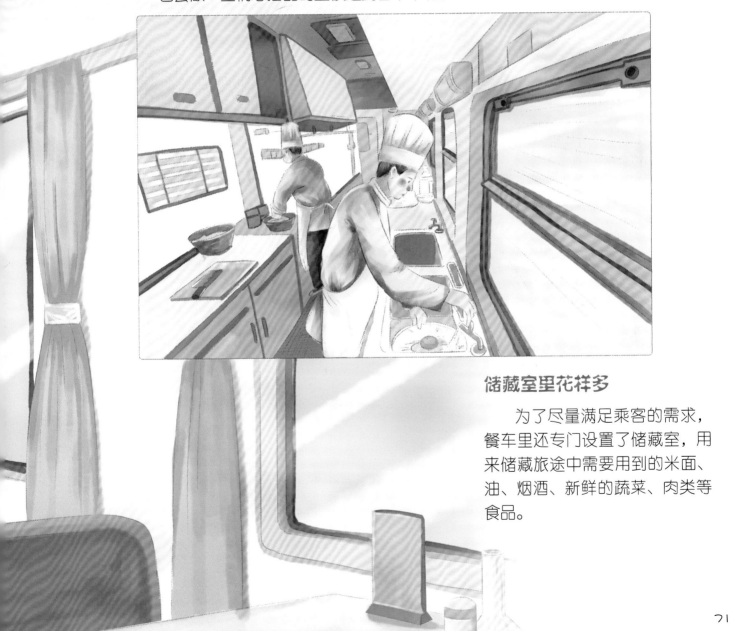

储藏室里花样多

　　为了尽量满足乘客的需求，餐车里还专门设置了储藏室，用来储藏旅途中需要用到的米面、油、烟酒、新鲜的蔬菜、肉类等食品。

71

铁路安全靠他们

如果在与铁路有关的地方遇到困难该怎么办？别担心，铁路警察可以帮助你。他们时刻都在你看得见或看不见的地方，保卫着铁路和人们的安全。

车站里的卫士

如果在火车站里遇到了困难，找车站民警就对了。不论是丢失了东西，还是有人扰乱治安秩序，或者是有人携带危险物品……车站民警都有办法解决。他们拥有敏锐的洞察力，能让罪恶无所遁形，给旅客们创造一方安全的小天地。

火车安全很重要

　　乘警是列车的守护者，在奔驰的列车上，他们不分昼夜一遍一遍地在车厢里巡查，维护着列车的秩序，守护着乘客的人身和财产安全。

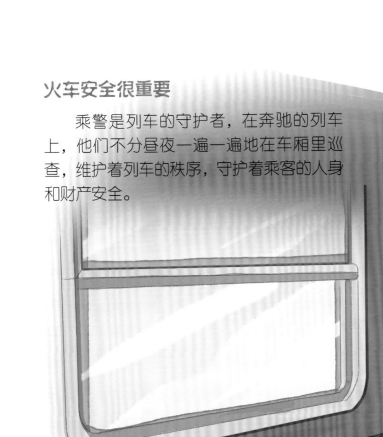

看不见的铁路警察

　　你可能想不到，铁路也需要警察守护。这不，铁路警察就在铁路沿线巡逻检查呢，以便能及时发现和排除线路上的安全隐患，保证列车的运行安全。另外，铁路警察还需要对沿线的群众进行宣传教育，普及铁路安全常识，呼吁大家共同守卫铁路安全。

火车检修中

像人类一样，这些整天高速运行的火车也会因为劳累而生病。因为构造不同，火车需要到不同的"科室"找不同的"火车医生"来医治。

火车会有啥问题？

火车看起来铜墙铁壁，非常坚固。但是实际上并不是无坚不摧的，一个车轮精度的偏差、一个零件的磨损、一个微小的错位，甚至是一颗小螺丝的松动都有可能让火车发生严重的事故，毕竟安全问题无小事。

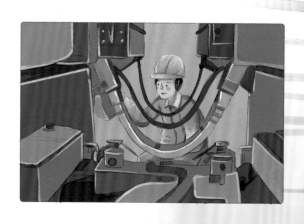

各自找"医生"

　　"火车头"和车厢的结构、功能是不同的，生病的时候，就要送它们去不同的"科室"看病。
"火车头"要送到机务段，那里是专门为它进行检查、维修的地方，等它完全"康复"后，还会
由机务段送出，重新与火车的身体编组。
　　车辆段负责为车厢进行检查和维修，那里设有不同的维修车间，专门修理车厢的各个部件，
并为它们提供清洗和保养等服务。等它们"康复"的时候，样子可是焕然一新呢。

体检很重要

　　火车每一次出发前和到达终点后，都需要接受身体检查。工作人员会对它进行保养、清扫、整备和技术检查，检查合格后才可以继续工作，万一不合格，就要老老实实接受修理哦。

　　对了，除了接受日常体检外，火车还需要定期接受全面的健康检查。对有问题的部位进行维修或更换，同时对火车的身体进行改造，为它配备更先进的装备，保证火车在下一次全面检查前能够精神饱满地工作。